のび〜るシアターへようこそ！

のび〜るシアターとは

何が咲くのかな

絵を見せて

たたんで

にょきにょき

広げると

こんなにのびました！

ひまわりが咲いたよ

紙も絵ものび〜る ふしぎで楽しいシアターです！

虫も

カマキリ

ペットも

ねこ

にゃおーん

横のび〜

超のび 3作品なら

通常の絵の間に延長イラストをはさむことで、ラストの驚きが更にUPします。

楽しい"のび聞かせ"に子どもたちは夢中！

さかな

プラス延長イラストで

こんなにのびた！

滝

おさかな見っけ

延長イラスト

お花も？ 変身も みーんな のび〜る！

- 鉢からパンダ
- のび…あれ？
- 帽子をかぶったパンダでした

- ふぐ
- あれあれ
- くじらに変身しちゃいました

乗り物・食べ物…子どもがよろこぶキャラクターがいっぱい

超のびで大きな滝に
大迫力！

汽車
延長イラスト

どんどんのばすことができます

おすすめ！ 3作パッケージで演じれば効果的

「01 お花」「02 虫」など、シリーズごとの3作品を連続で演じると、よりいっそう楽しいシアターになります。

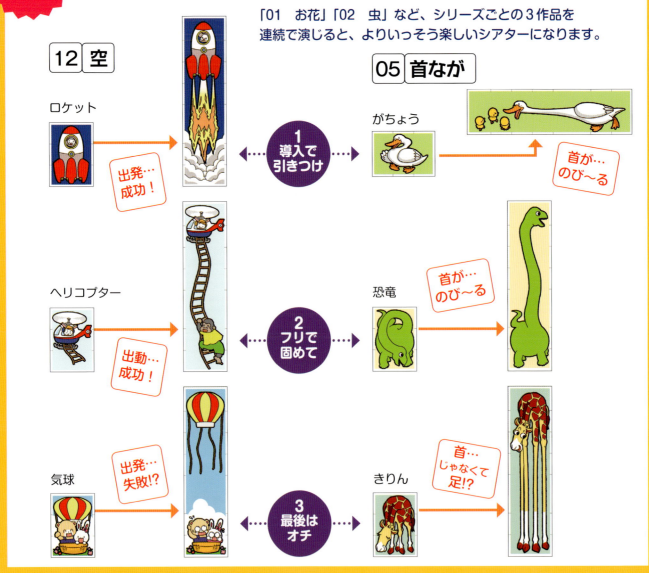

藤原邦恭

いかだ社

はじめに
『のび〜るシアター』とは…

　紙とイラストがのびて、おもしろい展開をするショートシアターです。

●シンプルでわかりやすいストーリー！

　1枚の紙を「見せる」「たたむ」「のばす」だけ。最小限のセリフを加え、絵本の読み聞かせのように演じられます。

●子どもたちも興味津々、
　集中力が持続する内容！

　例えば…トンネルから少し出ている汽車の絵。たたんでのばすと、どんどん出てくる！どれだけ出てくるの？といった変化があります。

●豊富な45作品収録！

　動物や乗り物、身近な素材、クリスマスやお誕生会等に使えるものまで、子どもが喜ぶ作品ばかりです。

●3作（あるいは2作）パッケージで
　より楽しいシアターに！

　単体で短く演じるのも良しとしながら、3作品続けて演じられる流れで解説しています。
　導入ネタで引き付け、次でフリを固めて、最後はオチとなる展開。
　展開をひねらずわかりやすく行うのなら、最後のオチはカットして2作品のみでもOKです。
　このパッケージを何種演じるかによって、時間やボリュームの調整も自在に。

●道具もお手軽！

　ワンストーリーに紙1枚（要工作）のみ。工作は基本、同じ方法で覚えやすいです。
　付属DVDデータから色付き型紙をプリントすれば、準備して演じるだけ。

●工夫と応用の可能性！

　最初の絵を見せ、何がのびる？どっち（上、横、下）にのびる？といったクイズ形式を取り入れる。
　のばした後、ボードに貼り付けて飾る。
　イラストを描き足してバリエーションをつくる。
　作品を組み合わせて、新ストーリーをつくる。
　現象に合わせて子どもたちと一緒にのび動作をする等々…。

　それぞれの現場に合った方法で、楽しく演じていただけたらうれしいです。

　　　　　　　　　　　　　　　　　藤原邦恭

この本の使い方

① **作品を知る**

　各作品の演じ方をご覧ください。シンプルなので概要はすぐにわかります。

② **作品を用意する**

　1つの作品に、工作した1枚の型紙が必要です。
　型紙は本書からコピーして色を塗るか、付属DVD-ROMからプリントしたものを利用します。

●型紙からコピーする場合、原寸でコピーし、色鉛筆かカラーペンで着色します。
　そして必要な大きさにカラー拡大コピーし、枠線で切り取ります。

　A4サイズに…約200%拡大
　A3サイズに…約280%拡大

●DVD-ROMからプリントする場合は、パソコンとカラープリンターが必要です。
　DVDデータでは1つの型紙につき次の3種類が選べます。

　A　フルカラー（背景色あり）
　B　部分カラー（背景色なし）インクを節約したい場合や、絵を描き足したい場合に利用。
　C　モノクロ（線画）塗り絵を楽しみたい場合に利用。

　型紙を「準備（p6〜7）」に従って工作します。
　作品によっては長さを延長して工作するものもありますが、基本はすべて同じつくり方です。

③ **基本の演じ方（のばし方）をマスターする**

　3種類ののばし方（方法A、B、C）があり、p8〜14で解説しています。
　各作品で必要な方法を練習してください。

④ **つなげて演じる**

　最後の「15　イベント」以外は、3作（あるいは2作）つなげて演じると効果的です。
　その3作を準備したら、演じる順に重ね、封筒や紙袋、ファイル等に納めておきます。
　その収納物にシリーズタイトルを書いておくとよいでしょう。
　そこから1つずつ取り出し、演技してはしまう。そして次を演じる…を繰り返します。
　しまう時は収納物に戻さず、テーブルに置くか別の専用袋に納めた方が、流れが途切れないでしょう。
　また演技スタートの前で、作品の裏面にたたまれている部分がある事に気がつかれないよう、持つ角度に注意してください。

⑤ **場面に合った見せ方を考える**

　本書にある演じ方、セリフ、つなげて演じる等はマニュアルとして紹介しています。
　実際の保育現場では、よりよい方法があるかもしれません。
　本書を参考に、それぞれの現場に合った方法を生み出してください。

はじめに 2
この本の使い方 3

準備 6
3つののび〜る
　A やさしい方法 8
　B 上から下にイラストが現れていく方法 10
　C 下から上にイラストが現れていく方法 12
　Bのやり方で横にのばす方法 14

もくじ

身近な生き物編

01 お花
なんのお花が咲くのかな？
ひまわり ………… 15
あさがお ………… 16
鉢からパンダ ……… 17

02 虫
のび方いろいろ、そうきたか！
カマキリ ………… 18
バッタ …………… 19
クモ ……………… 20

03 ペット
大好物にのびちゃった！
ねこ ……………… 21
いぬ ……………… 22
うさぎ …………… 23

動物編

04 大食い
おいしそう！　のびのびすれば取れるかな？
ゴリラ …………… 24
ぞう ……………… 25
ぶた ……………… 26

05 首なが
もともと長ーい、さらにのばすと…？
がちょう ………… 27
恐竜 ……………… 28
きりん …………… 29

06 海
のびのび泳ごう！
くらげ …………… 30
たこ ……………… 31
さかな …………… 32　超のび

07 人
そこまでのびるとおもしろい！
くしゃみ ………… 33
おじいさん ……… 34
子ども …………… 35

食べ物編

08 食材
いつもより長めにのびてます！
- たまご ……………… 36
- おもち ……………… 37
- にんじん …………… 38

09 大好きメニュー
のびるよね〜！のびすぎかもね？
- ピザ ………………… 39
- スパゲッティ ……… 40
- ラーメン …………… 41

乗り物編

10 陸と海
のんびりのびのび？　乗ってみたーい！
- 自動車 ……………… 42
- 汽船 ………………… 43
- 汽車 ………………… 44 超のび

11 働く
のびのびと働く車はカッコいい！
- クレーン車 ………… 45
- 消防車 ……………… 46
- ダンプカー ………… 47

12 空
地上を離れ、のびのび活躍!?
- ロケット …………… 48
- ヘリコプター ……… 49
- 気球 ………………… 50

お楽しみ編

13 アウトドア
お外でのびのび、見ーつけた！
- 流れ星 ……………… 51
- 打ち上げ花火 ……… 52
- 滝 …………………… 53 超のび

14 変身パフォーマンス
予想つくかな？あっと驚くのびのび変化！
- ティッシュ ………… 54
- ふぐ ………………… 55
- マジックハット …… 56

15 イベント
いろんな行事に使えるよ！
- 旗かざり …………… 57
- クリスマスツリー … 58
- きりんメッセージ … 59

型紙　60

準備 ひまわりを例に

型紙の組み立て方は一種類だけ。
どの作品も同じ準備でできるから楽ちんです！

早わかり解説！

1 型紙を切る。

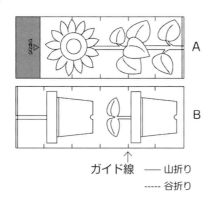

ガイド線 —— 山折り
        ----- 谷折り

2 のりで貼る。

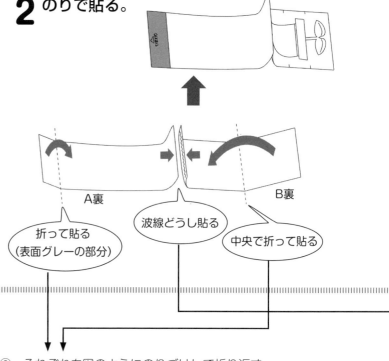

折って貼る（表面グレーの部分）
波線どうし貼る
中央で折って貼る

じっくり解説！

① 型紙を切ったら、折りぐせをつけておくと作業しやすくなる。Bの折り幅は均等。Aは左側の折り位置だけが不均等なので注意。
折りのガイド線は全作品にあるが、プリントの際に紙がのびてズレることがあるので、あくまでも参考程度に。

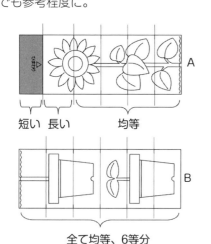

短い　長い　　均等

全て均等、6等分

② それぞれを図のようにのりづけして折り返す。
のりはノズルが細いペン状のものが便利。

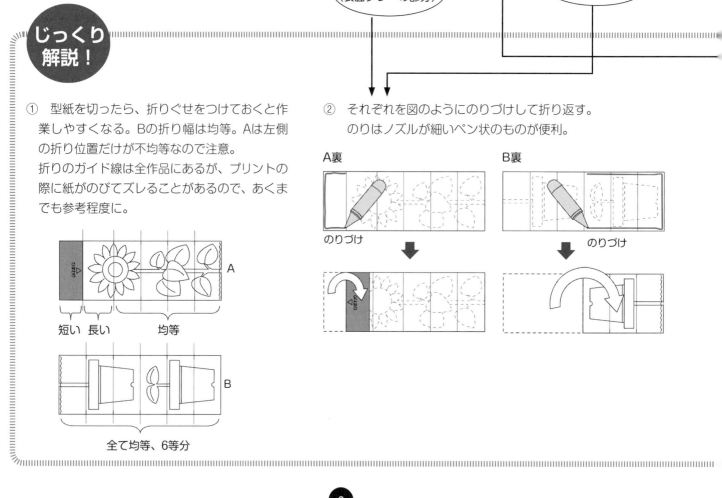

A裏　　　　　B裏
のりづけ　　　のりづけ

3 ジグザグに折る。
（ガイド線あり）

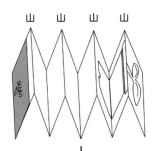

4 この絵を開いて完成。

超のび 延長イラストのつなぎ方

作品の中には、延長イラストを足して通常より長くのばせるものがあります。長くしたい分だけコピーもしくは印刷し、均等にジグザグ折りします。型紙AとBを本来貼り合わせる個所（波線部分）にそれを挿入して貼ります。

【超のび作品】
- さかな（p32）　● 汽車（p44）　● 滝（p53）

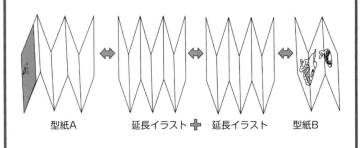

型紙A　　延長イラスト ✚ 延長イラスト　　型紙B

③ 波線部に細くのりづけし、波線どうしを向かい合わせて貼る。
紙の幅が合わない場合は、はみ出た部分に定規をあてカッターで切りとる（型紙は正確でも、プリンターや印刷の条件によって紙がゆがむ場合があるため）。

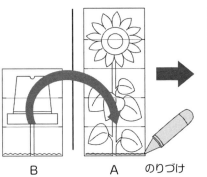
B　　A　のりづけ
波線どうしが向かい合うように反転

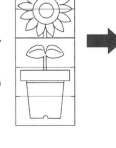

もし合わなければ切る

④ 図のように、ジグザグにたたむ。
手前の鉢部分をのばすと完成、この向きで持って準備完了。

※作品によっては横向きに持つ場合もあります。

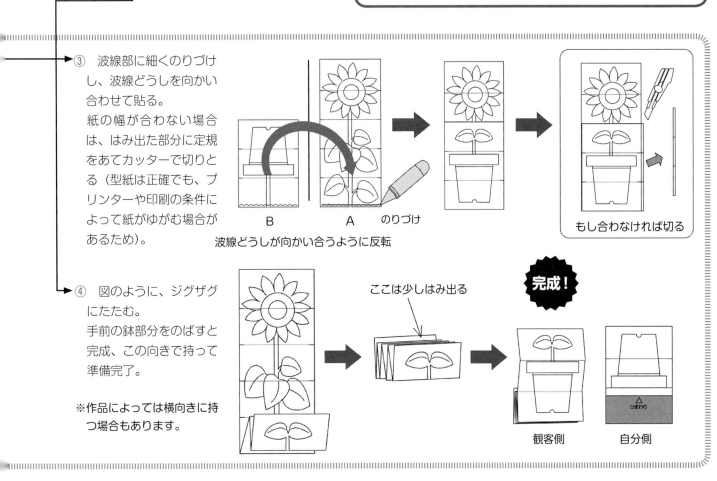
ここは少しはみ出る

完成！

観客側　　自分側

3つののび〜る

p6〜7で準備した型紙をどのようにのばしていくか、3種類の基本方法を紹介します。
最後に応用として、横にのばす方法も紹介します。

A やさしい方法

一番お手軽な方法です。たたんで紙の突き出た部分をつまんで離すだけです。
のびたというより変化したイメージになります。
紙の重さがある方が広がりがよいのでA3サイズがオススメです。

> 一気にパッと広がります

例：ひまわり

① イラストを見せる。

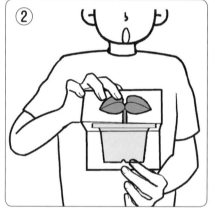
②

③ たたむ。

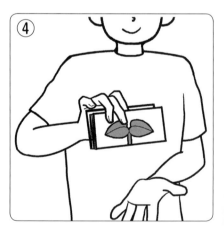
④

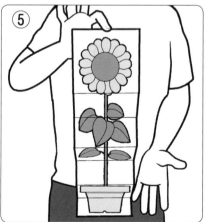
⑤ 広げると変化する。

⑥

「3つを使い分けたら効果ばつぐん！」

- 3通りの方法の中から、やさしさを優先するか、表現のよさを追求するかによって使い分けてください。
- なお、横にのびていく作品は、BかCの方法で横向きにのばします。Bの方法の概略を14ページに記しておきます。
- その他、上下を逆さにしてのばす場合や、途中から方向を変えてのばす場合もあります。各作品の解説に従ってください。

自分側から見た図

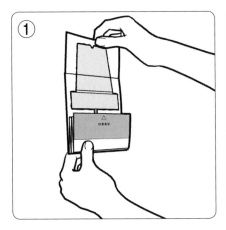

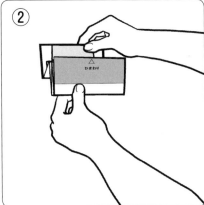

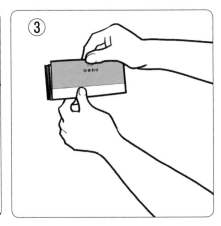

ここでいったん間を置く。右手を離し、おまじないをかけてもよい。

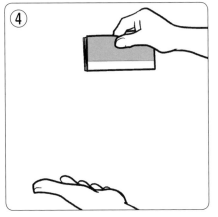

右手は手前の突き出た部分をつまみつつ、全体を持つ。

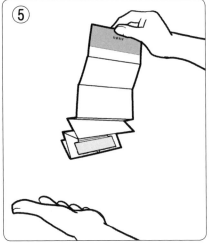

突き出た部分をつまんだまま、たたまれた部分を離し、下に広げる。

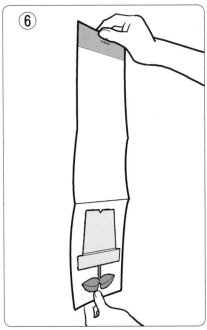

B 上から下にイラストが現れていく方法

のびていく感じがよりよく表現できます。イラストの上の部分から見えていくのが特徴です。
少しコツがいるので、A4サイズで練習してからA3サイズにトライすることをオススメします。

のばす速さをコントロールできます

例：ひまわり

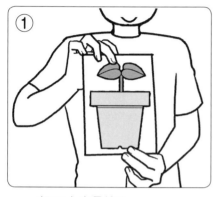
イラストを見せる。

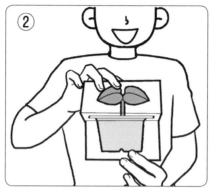

たたむ。

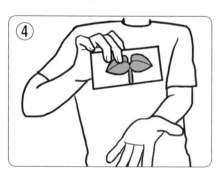

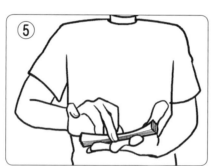
手のひらに置いて

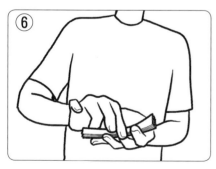

引っぱるとのびていく。

自分側から見た図

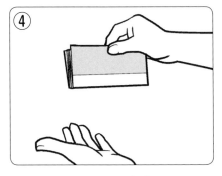
④ 右手は手前の突き出た部分をつまむ。

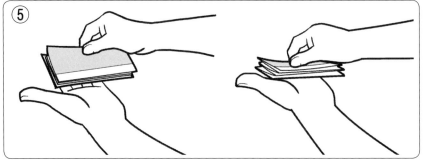
⑤ 右手はつまんだまま、たたんだ紙を左手の上に寝かせるように置く。

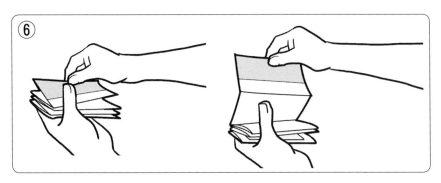
⑥

左手の親指を紙の上に軽くのせて、
左手で紙全体を軽く握るように持つ。
右手でつまんだ部分を上げていく。

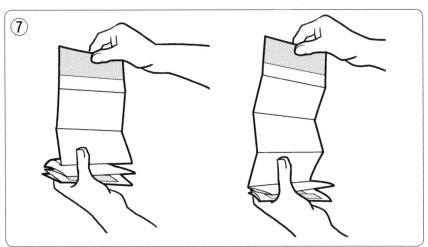
⑦ のびていく紙を左親指で適度に押さえておく。
右手はゆっくり上にのばしていくことができる。

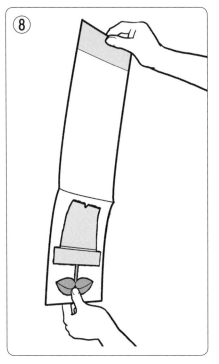
⑧

C 下から上にイラストが現れていく方法

やや難しいですが、作品によってはこの方法がベストな見え方になる場合があります。例えば下のイラストのように、植木鉢から芽がのびていき、最後にオチになる花部分（ひまわり）が現れます。

例：ひまわり

イラストを見せる。

たたむ。

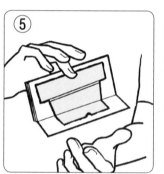

小さく開く。

上に引っぱるとのびていく。

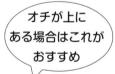
オチが上にある場合はこれがおすすめ

自分側から見た図

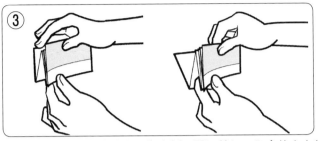
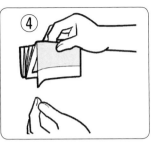

紙をたたむ時、右人さし指を紙の間に差しこみ全体を右親指とでつまみ持つ。

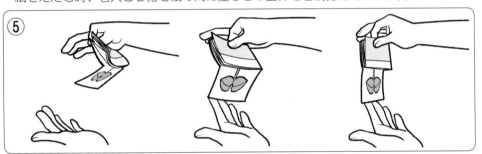
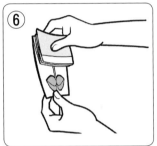

右手の中指薬指を離しながら全体を下に振るようにして、観客側の紙を開く。左手は紙が完全に開くよう指先でフォローする。観客から見ると③〜⑥になる。ここでいったん間を置く。

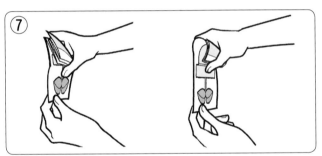
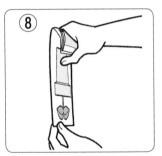

上にたたまれた部分を、図のように湾曲させるように右手で持つ。湾曲を保ちながら右手を上げていくと、イラストが少しずつ下から上に現れていく。（⑦〜⑩）

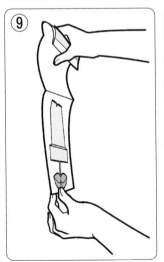
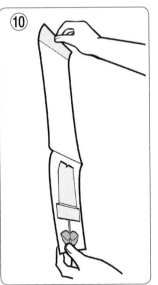

Bのやり方で横にのばす方法

Bの方法を横向きに変えるだけです。

例：自動車

イラストを見せる。

たたむ。

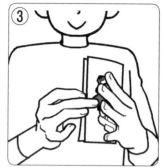

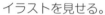

手のひらに押しつけ

引っぱるとのびていく。

自分側から見た図

たたんだ紙（車の先頭部分）を左手のひらに押しつけるようにする。

紙の手前から左親指で押さえ、左手で紙全体を軽く握るように持つ。

のびていく紙を左親指で適度に押さえながら、右手は紙の突き出た部分をつまんで、ゆっくり横にのばしていく。

| 01 | お花 | なんのお花が咲くのかな？ |

ひまわり ➡ あさがお ➡ 鉢からパンダ

型紙と準備

p60の型紙をコピーするか付属DVDデータを利用。準備はp6～7。

身近な生き物編 01 お花

ひまわり

のび〜るシアター、お花シリーズが始まるよ
本当に咲くのでしょうか？
鉢の色がヒントかも

演じ方 方法ABCのいずれかで（p8～）。Aが簡単でおすすめ。

① 黄色の鉢をたたみます。　② さあ、どうなるかな？　③ ひまわりが咲きました！

ポイント

- 植木鉢の位置は変えずに、お花の部分を上にのばすと成長してのびた感じに見えます。
- すべての作品に共通する大切なことですが、のばした後は全体を相手が見やすい位置に移動し、3秒くらい止めてアピールします（図③）。動きの部分と止める部分のメリハリが、見やすさ・わかりやすさにつながります。
- 何の花が咲くのか問いかけて、やりとりを楽しみましょう。「植木鉢の色が黄色っぽいので、黄色い花かな？」といったヒントを出すのもOK。
- 最初にやる場合、正解を導いてからのばすのがよいでしょう。

わぁ、びっくり！他のお花も見てみたい

ちゃんとあるよ次はわかるかな？

身近な生き物編
01 お花

あさがお

今度は何が咲くかな？
鉢の色は紫だよ

型紙と準備
p60の型紙をコピーするか付属DVDデータを利用。準備はp6〜7。

演じ方 方法ABCのいずれかで（p8〜）。Aがいちばん簡単。Cは下からのびていく感じなので理想的です。

① 紫色の鉢をたたみます。
② さあ、どうなるかな？
③ あさがおが咲きました！

ポイント

- ひまわりに続けて演じると、色の変化もあり効果的。
- ひまわり同様、何の花が咲くのか問いかけて、やりとりを楽しみましょう。
- お花は季節感が出るので、7〜8月のお誕生会に演じてもよいでしょう。

あさがおだ！

そして次は…
お花シリーズのしめくくり
わかるかな

鉢からパンダ

さぁ最後は？
せーの、ハイ！

型紙と準備
p61の型紙をコピーするか付属DVDデータを利用。準備はp6〜7。

身近な生き物編 01 お花

演じ方 方法Bでゆっくり行うのが理想的。途中、③で動きを止め、上下を反転して④になります。
⑤で帽子の部分を開き、全体を示します。
やさしく行うならAの方法で一気にのばし、最後に上下を反転させて全体を示します。

1. 鉢をたたみます。
2. さあ、どうなるかな？
3. （のばすのを途中で止め）おやおや？ これは何だ？？
4. （上下の向きを変える）
5. なんと！ 帽子をかぶったパンダでした!?

お花かと思ったら

笹の葉っぱ食べてるね

ポイント
● 意外なオチなので、単体で演じるよりお花シリーズの最後に演じた方が効果的です。

02 虫 のび方いろいろ、そうきたか！

カマキリ ➡ バッタ ➡ クモ

カマキリ

お庭で見つかる虫たちが出てくるよ

型紙と準備
p61の型紙をコピーするか付属DVDデータを利用。準備はp6〜7。

演じ方 方法ABCのいずれかで（p8〜）。
③で上にのばした後、横向きに変えて全体を示してもよいでしょう。

1 カマキリさんが上を見てるね。それでは、たたみます。

2 さあ、どうなるかな？

3 のびました。がんばりましたー。

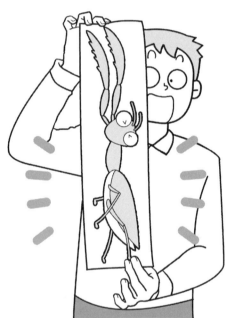

ポイント

●演技の最初であれば、これから何が起こるか伝えるとよいでしょう。
例「カマキリさんが背のびをします。どれくらいのびるか見ていてね」

「いっしょうけんめい背のびしてる！」

「そうだね 次の虫は… ジャンプが得意かも」

バッタ

こちらも上が気になる
みたいですよ

型紙と準備
p62の型紙をコピーするか
付属DVDデータを利用。
準備はp6～7。

 演じ方 方法ABCのいずれかで（p8～）。

1 バッタさんがいます。
それでは、たたみます。

2 さあ、どうなるかな？

3 ジャーンプ！ のびました。
がんばりましたー。

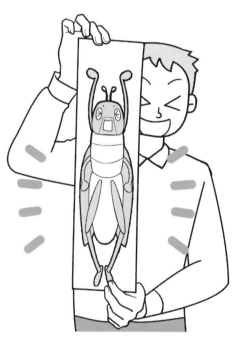

 ポイント

●バッタはジャンプの印象が強いので、のばす時、全体が下がらないようにしましょう。

バッタさんが
びよ～ん！

次のは…
のびそうにない
体だけど、
大丈夫かなぁ

身近な生き物編

02 虫

クモ

最後はクモです
背のびかな？
ジャンプかな？
よく見ていてね

型紙と準備

p62の型紙をコピーするか付属DVDデータを利用。準備はp6〜7。

演じ方 方法ABCのいずれかで（p8〜）。
Bの場合、右手を上にではなく、左手を下に向けてのばします。

1 クモさんがいます。
それでは、たたみます。

2 さあ、どうなるかな？

3 のびのび〜〜！
糸がのびました。

ポイント

- カマキリ、バッタと続けて演じると、違ったのび方なので効果的です。
- 必死なカマキリやバッタに比べて、涼しげなクモの表情にふれるとよいでしょう。

あはは、
下にのびちゃった！

いろんな
のび方があるね〜

03 ペット　大好物にのびちゃった！

ねこ ➡ いぬ ➡ うさぎ

ねこ

ペットたちがのびのびしまーす
何かを見つけたのかな？

型紙と準備
p63の型紙をコピーするか付属DVDデータを利用。準備はp6～7。

演じ方　方法ABCのいずれかで（p8～）。
③で上にのばした後、横向きに変えて全体を示してもよいでしょう。横にのびた印象が強まります。

1 にゃんこが上を見てますね。それでは、たたみます。

2 さあ、どうなるかな？

3 ニャオーン！　お魚に向かって、こんなにのびました！

ポイント
- ニャオーンの鳴き声に合わせてのばすと印象的です。
- ねこが何かを狙っている説明をしてからのばしてもよいでしょう。

お魚が大好きだもんね！

大よろこびしてるよ
次は…何が好きなんだろうね

身近な生き物編
03 ペット

いぬ

「ちょこんとおすわりしていい子にしているようですが…」

型紙と準備
p63の型紙をコピーするか付属DVDデータを利用。準備はp6〜7。

演じ方 方法ABCのいずれかで（p8〜）。
③で上にのばした後、横向きに変えて全体を示してもよいでしょう。横にのびた印象が強まります。

1 わんこが上を見てますね。それでは、たたみます。

2 さあ、どうなるかな？

3 ワオーン！　骨に向かって、こんなにのびました！

 ポイント
- ワオーンの鳴き声に合わせてのばすと印象的です。
- ねこを演じた後なら、今度はいぬが何を狙っているかやりとりしてからのばしてもよいでしょう。

「長ーい！ダックスフンドみたい」

「やっぱり飛びついちゃった」

うさぎ

ペットの最後は
うさちゃんです
好きなものは何だっけ？

型紙と準備

p64の型紙をコピーするか
付属DVDデータを利用。
準備はp6〜7。

身近な生き物編 03 ペット

 演じ方 方法ABCのいずれかで（p8〜）。

1 うさぎさん、何やらやる気出してます。
ジャンプするのかな？
それでは、たたみます。

2 さあ、どうなるかな？

3 ニョキー！ 耳がのびました！
にんじん捕まえてます。

 **ポイント**

● ねこ、いぬと続けた後に演じるのがおすすめです。今度は何を狙っているかやりとりし、「にんじん」と答えが出てからのばすと、耳がのびる意外なオチとなり効果的です。

耳がのびる
なんてびっくり
したね！

ジャンプする
のかと思ってた〜

04 大食い　おいしそう！　のびのびすれば取れるかな？

ゴリラ ➡ ぞう ➡ ぶた

ゴリラ

たくさん食べる動物たちが出てくるよ
ん？　上を見てるね、どうするのかな

型紙と準備
p64の型紙をコピーするか付属DVDデータを利用。準備はp6〜7。

演じ方　方法ABCのいずれかで（p8〜）。

1 ゴリラくん、お腹がすいているようです。
それでは、たたみます。

2 さあ、どうなるかな？

3 ウホホ〜ッ！
バナナに届くかな？

ポイント
● やさしく演じるなら方法AかBで。理想的には下からのびて最後にバナナが現れるので方法Cになります。

体が大きくてよかったね
次も大きな動物だよ

おぉ、バナナ取ってる！

ぞう

今度はぞうさん、またまた上を見ているね 何かあるのかな？

型紙と準備
p65の型紙をコピーするか付属DVDデータを利用。準備はp6〜7。

演じ方 方法ABCのいずれかで（p8〜）。

1 ぞうさん、お腹がすいているようです。
それでは、たたみます。

2 さあ、どうなるかな？

3 パオーン！
りんごに届きました！

ポイント
●のばす方法はゴリラと同様です。方法Cであれば下からのびて最後にりんごが現れます。

お鼻が
のびたよ！

長〜いお鼻で
よかったね
次も上手に食べ物、
取れるかなあ

ぶた

ゴリラ、ぞうと来て、最後はぶたです 大丈夫かなぁ？

型紙と準備
p65の型紙をコピーするか付属DVDデータを利用。準備はp6～7。

演じ方 方法ABCのいずれかで（p8～）。

動物編 04 大食い

1 ぶたさんも、お腹がすいているようです。
それでは、たたみます。

2 さあ、どうなるかな？
上にのびて食べ物をつかむのかな？

3 ダメだぁ～。

 ポイント

● のばす方法はゴリラ、ぞうと同様です。順番はそれらの後に演じるのがオチとして効果的です。

ちょっと無理だったねえ

あーあ、ざんね～ん！

05 首なが

もともと長ーい、さらにのばすと…？

がちょう ➡ 恐竜 ➡ きりん

型紙と準備

p66の型紙をコピーするか付属DVDデータを利用。準備はp6〜7。

がちょう

首の長い動物たちのシアターです　まずはがちょうから

演じ方　方法BまたはC（p10〜）。

1 がちょうさんです。首が長いですね。
それでは、たたみます。

2 さあ、どうなるかな？

ポイント

● 親子にちなんだショートストーリーを考え、演じてもよいでしょう。子どもが呼んでいるけどなかなか見つからず、最後にのびて見つける、というような。

3 さらに〜のびま〜す！
子どもたちがいたんですね♪

のばして見ーつけた！

みんな会えてよかったね　次はもっと長くて大きいよ

恐竜

おや、首なが恐竜が
のっしのっしと
やってきました

型紙と準備

p66の型紙をコピーするか付属DVDデータを利用。準備はp6〜7。

 演じ方 方法ABCのいずれかで（p8〜）。

動物編 05 首なが

1 首なが恐竜さんです。首が長いですね。
それでは、たたみます。

2 さあ、どうなるかな？

3 ニョキ〜ッと、大きくのびましたー！

 ポイント

● 普通にのばしてもいいですが、のばすきっかけをつくってみるのもよいでしょう。子どもたちに「恐竜さん！」と呼びかけてもらうとか。

顔を上げたよ
長〜い！

遠くまで
見えそうだね
次は何かな、
当ててごらん

きりん

首が長いといえば やっぱり最後は きりんです

型紙と準備
p67の型紙をコピーするか付属DVDデータを利用。準備はp6〜7。

演じ方 方法AまたはB（p8〜）。

1 きりんさんです。首が長いですね。
それでは、たたみます。

2 さあ、どうなるかな？

3 アレレ？　違う違う！
足がのびてる！

あれれー！
足が〜〜

ポイント

- がちょう、恐竜に続けてオチとして演じると効果的です。
- また、きりんの首が長いのは子どもたちも知っているので、他ののび〜る作品の後でも大丈夫です。オリジナルストーリーを付け、組み合わせを考えて楽しんでください。

違うところが
のびちゃいました！

06 海 のびのび泳ごう！
くらげ ➡ たこ ➡ さかな

くらげ

型紙と準備
p67の型紙をコピーするか付属DVDデータを利用。準備はp6〜7。

演じ方 方法ABCのいずれかで（p8〜）。

1 海の中でゆーらゆら。くらげさんです。
それでは、たたみます。

2 さあ、どうなるかな？

3 はーい、こんなにのびましたー！ ゆーらゆら〜。

ポイント

●すべての作品に言えますが、最初の絵を見せた時、「これは何かな？」と問いかけることから始めてもよいでしょう。

ニョキニョキのびたね
次のもやわらかく
のびのび泳ぐよ
何だろうね

わぁ、
すごいのびた〜！

たこ

そうです、今度はたこ のびるところは やっぱり…？

> **型紙と準備**
>
> p69の型紙をコピーするか付属DVDデータを利用。準備はp6〜7。

演じ方 方法AまたはB（p8〜）。Aが簡単でおすすめ。

1) 海の中でゆーらゆら。たこさんです。
それでは、たたみます。

2) さあ、どうなるかな？

3) びよよーん！のびましたー！
あっ、墨も出してる！

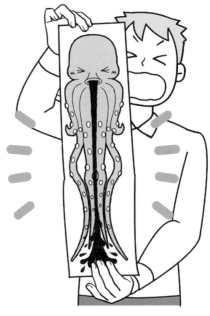

4) 手、汚れちゃったかな？

> 次は海のラスト
> きっとびっくり
> するよ

> あはは、
> 手がまっ黒！

||||| ポイント |||||

- 手が汚れたかも？は演出の一例なので、やらなくても大丈夫です。
- あるいは、事前に手を黒くしておき（黒ビニールテープ等を適量切って手に貼っておく）、それを見せて、汚れちゃった演出を踏みこんで行ってもよいでしょう。すべての作品に共通ですが、場面に応じて、どうやったら楽しくなるかをお考えください。

動物編 06 海

さかな

超のび

くらげ、たこと続いて、最後は…

型紙と準備

p68の型紙をコピーするか付属DVDデータを利用。準備はp6〜7。

演じ方 方法B（p10）。

1 海の中でゆーらゆら。おや、おさかなが口を開けて追いかけてますよ。それでは、たたみます。

2 さあ、どうなるかな？

・くらげ、たこなど、標準的にのびる作品の後に演じましょう。意外性があり効果的です。

3 アレレ〜！　こんなに連なって追いかけてます。

延長イラストを足して超のび〜！

この作品は延長イラストが別途あります。絵のように延長イラストを中間につなぎ合わせ、ジグザグにたたんで使うと、最後このようにのびたラストになります。お好みに応じてお使いください。

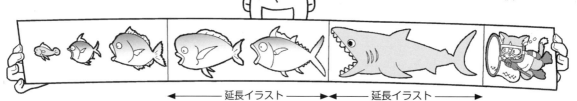

← 延長イラスト →　← 延長イラスト →

| 07 | 人 | そこまでのびるとおもしろい！

くしゃみ ➡ おじいさん ➡ 子ども

くしゃみ

演じ方 方法AまたはB（p8～）。

型紙と準備
p69の型紙をコピーするか付属DVDデータを利用。準備はp6～7。

人のシリーズ、始まり始まり〜
子どもが何だか寒そうにしているね

① ハア、ハア、

② ハアッ…

③ ハクショーン!!!
鼻水のびちゃった！

●のばす時は、くしゃみに合わせて早めのスピードにします。③のように示した後は、左手を離して全体をゆらゆらさせてもよいでしょう。

そうだね〜風邪には気をつけようね
次はおじいさん、どうなるのかな？

あはは、鼻水のびすぎー！

おじいさん

おや？普通の
おじいさんだね
どうなるのでしょうか？

型紙と準備

p70の型紙をコピーするか付属DVDデータを利用。準備はp6〜7。

演じ方　方法AまたはB（p8〜）。

動物編 07 人

1　おじいさんですね。おヒゲが立派です。
それでは、たたみます。

2　さあ、どうなるかな？

3　ニョキニョキー！　あれれ、おヒゲがのびました〜！

ポイント

● 「さあ、何がのびるかな？」と最初に問いかけてから演じてもよいでしょう。

こんなに長くなってびっくり！
次はみんなと同じ子どもだよ
楽しみだね

わわわ、おヒゲがのびた〜！

子ども

くしゃみ、おじいさんと来て、最後は子ども！背がのびるのかなあ？

型紙と準備
p70の型紙をコピーするか付属DVDデータを利用。準備はp6〜7。

 演じ方 方法AまたはB（p8〜）。

① おや？ 男の子がいますね。それでは、たたみます。

② さあ、何になるのかな？

③ ジャーン！ ヒーロー仮面でした！

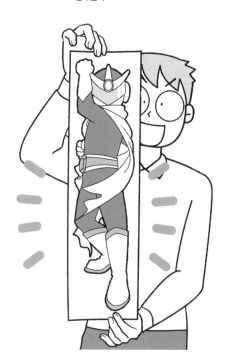

ポイント
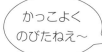

- くしゃみ、おじいさんに続けて行うと、最も意外な変化なので効果的です。
- また、他の標準的にのびる作品の後でも大丈夫です。組み合わせによってはおもしろいストーリーができるかもしれませんね。

かっこよくのびたねえ〜

変身したぁ！

動物編 07 人

08 食材　いつもより長めにのびてます！

たまご ➡ おもち ➡ にんじん

たまご

型紙と準備
p71の型紙をコピーするか付属DVDデータを利用。準備はp6〜7。

身近な食べ物、のび〜るシアターの始まりだよ　まずはこちらから

演じ方　方法AまたはB（p8〜）。

① たまごです。それでは、たたみます。

② さあ、どうなるかな？

③ ビヨ〜ン！　のびました〜！

ポイント

- 生卵は下に落ちるので方法Aが適しています。方法Bなら、上に持ち上げるのではなく、下に下げるように開きましょう。
- 食べ物編の作品は、食育に関するお話の導入に演じてもよいでしょう。単品で演じてもよし、組み合わせて演じるのもよし。柔軟にお考えください。

あるよ〜　次は何でしょう？

わぁ、のびてる！　他の食べ物、のびるのあるかな？

おもち

おいしそうなおもちだね
これを引っぱると〜

型紙と準備
p71の型紙をコピーするか付属DVDデータを利用。準備はp6〜7。

演じ方 方法AまたはB（p8〜）。

① これは何かな？…
のりを巻いたおもちです。
それでは、たたみます。

② ではのばしてみましょう。

③ よいしょーっと！

食べ物編 08 食材

あはは。
おいしそう

ポイント

●簡単に行うには方法Aですが、引っぱってのばす感じを出したいなら方法Bが適しています。

ウフフ、
のびすぎたかな？
次は…身近な
食べ物シリーズの最後
何がのびるでしょう？

にんじん

たまご、おもちと続いて、最後はにんじん！
立派に育つのかしら

型紙と準備

p72の型紙をコピーするか付属DVDデータを利用。準備はp6～7。

演じ方 方法ABCのいずれかで（p8～）。

食べ物編
08 食材

① これは何かな？
　…にんじんですね。
　にんじん大きくなるといいね。
　それでは、たたみます。

② さあ、どうなるかな？

③ おっと、葉っぱがのびちゃったー！

ポイント

- たまご、おもちのような予想通りにのびる作品の後に演じると効果的です。
- 単品の食材はイラストがシンプルでわかりやすいのも特徴です。大人数の前で演じなければならない時に役立ちます。

ええっ、そっちがのびるの～？

ありえな～い、おもしろ～い

09 大好きメニュー

のびるよね～！ のびすぎかもね？

ピザ ➡ スパゲッティ ➡ ラーメン

ピザ

型紙と準備
p72の型紙をコピーするか付属DVDデータを利用。準備はp6〜7。

みんなの好きなメニューは出てくるかしら まずはこちら、何かわかるよね

演じ方 方法ABCのいずれかで（p8〜）。

1 これは…？
おいしそうなピザですね。
それでは、たたみます。

2 さあ、どうなるかな？

3 のび〜〜！
いただきまーす♪

ポイント

- 子どもの好きなメニューシリーズです。シンプルに演じても食いつきがあるでしょう。
- 作品を取り出す際、メニューと書かれた封筒から取り出して演技をすると演出がふくらみそうですね。「ご注文は？ …ピザかスパゲッティしかないんですが」という入り方とか。ご自由にお考えください。

チーズがとろ〜り、おいしそう！

すごいのびてるね 次もおいしそうな食べ物だよ さあ、何でしょう？

食べ物編 09 大好きメニュー

スパゲッティ

じゃん！ 出ました スパゲッティ。みんなも好きでしょう？

型紙と準備
p73の型紙をコピーするか付属DVDデータを利用。準備はp6〜7。

演じ方 方法ABCのいずれかで（p8〜）。

① これは…？
おいしそうなスパゲッティ。
それでは、たたみます。

② さあ、どうなるかな？

③ のび〜〜！
いただきまーす♪

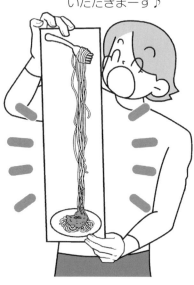

 **ポイント**

●単独で演じてもいいですが、ピザ同様、食べ物のくくりで続けると演出もふくらみやすいですね。麺がのびる現象なので、この後はラーメンを演じれば効果的です。

高〜くのびたね！最後はどんなメニューかしらわくわく♪

お口にぜんぶ入るかな

ラーメン

最後はラーメン！
先生も大好きです

型紙と準備

p73の型紙をコピーするか付属DVDデータを利用。
準備はp6〜7。

演じ方　方法B（p10）。

1　これは…？
おいしそうなラーメンですね。
それでは、たたみます。

2　さあ、どうなるかな？

3　麺がのび〜〜。

4　どんぶりも？　のびちゃった！
超大盛りだっ♪

ポイント

- ③で動きをいったん止めて間をとりましょう。そして続きのどんぶり部分をのばします。間のとり方しだいで、見やすさやおもしろさが変わります。
- 意外なオチなので、ピザやスパゲッティ等の後に演じると効果的です。

一人じゃ食べきれないね！

あはは、大きくなっちゃった

10 陸と海

のんびりのびのび？ 乗ってみたーい！

自動車➡汽船➡汽車

自動車

旅の乗り物、
のび〜るシアター
まずは自動車です
どうなるのかしら

型紙と準備

p74の型紙をコピーするか付属DVDデータを利用。準備はp6〜7。

演じ方 方法B（p10）。

① みんなでドライブ？
お買い物かな？
それでは、たたみます。

② さあ、どうなるかな？

ポイント

- すべてに共通ですが、②ではたたんで間をとります。この間におまじないをかける振りをしたり、相手におまじないをかけてもらったり、「1、2、3」と号令をかけてみたりするのもおすすめです。
- 現象、演出などによって何がよいかはさまざまですので、状況に合ったものをお考えください。

③ のびた〜乗った〜増えた〜！
楽しそう！

パンダが
いっぱい！

みんなで旅行に
行くのかな
次は…船だよ

ぼくも
のりた〜い

汽船

今度もまさか…船がのびちゃうのでしょうか

型紙と準備

p74の型紙をコピーするか付属DVDデータを利用。準備はp6〜7。

 演じ方　方法B（p10）。

① 船ですね。
　それでは、たたみます。

② さあ、どうなるかな？
　のびるのかな？

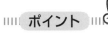 **ポイント**

●船が進む感じを出したいので、③では右手を船の進行方向にのばしていきます。意外なオチですが、強烈というよりほのぼのとした感じです。3作品を演じるとしたら2番目がよいでしょう。現象前に「きっと船が長くのびるんだろうな」と思わせられれば成功です。

③ あ……
　煙がのびて進んでる〜！

ありゃ、煙がのびたよ

えへへ、思っていたのと少し違ったかな　次は…旅の乗り物シリーズの最後だよ

汽車

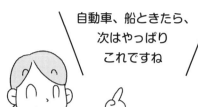
自動車、船ときたら、次はやっぱりこれですね

型紙と準備
p75の型紙をコピーするか付属DVDデータを利用。準備はp6〜7。（延長イラストをつなげておく）

演じ方 方法B（p10）。

1 おや？汽車がトンネルから出てきました。それでは、たたみます。

2 さあ、どうなるかな？

3 どんどん出てきます！シュポシュポ、シュポシュポッポ〜。

4 まだまだ、まだまだ出ます。シュポシュポシュッポッポ〜！

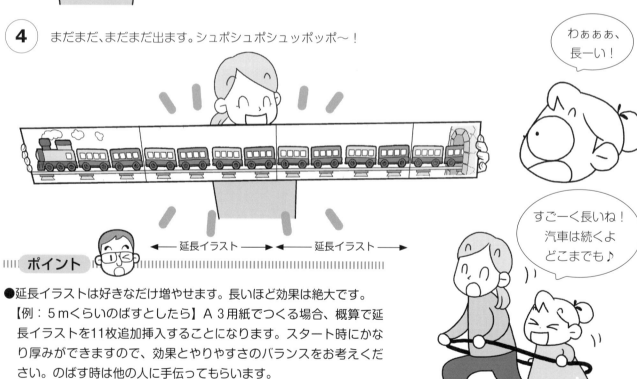

←延長イラスト→ ←延長イラスト→

わぁぁぁ、長ーい！

すごーく長いね！汽車は続くよどこまでも♪

ポイント

● 延長イラストは好きなだけ増やせます。長いほど効果は絶大です。
【例：5mくらいのばすとしたら】A3用紙でつくる場合、概算で延長イラストを11枚追加挿入することになります。スタート時にかなり厚みができますので、効果とやりやすさのバランスをお考えください。のばす時は他の人に手伝ってもらいます。

乗り物編 10 陸と海

11 働く

のびのびと働く車はカッコいい！

クレーン車 ➡ 消防車 ➡ ダンプカー

クレーン車

男の子たちは大好きかな？
働き者の車たちが出てきますよ
まずは…工事現場の力持ち

型紙と準備
p76の型紙をコピーするか付属DVDデータを利用。準備はp6〜7。

演じ方 方法ABCのいずれかで（p8〜）。

① これは…？クレーン車ですね。それでは、たたみます。

② さあ、どうなるかな？

③ 高〜く、のびました〜！

高い高い！

ポイント

● 下から上にのびる感じがそれらしいので、方法Cが理想です。ですがCはコツがいりますので、苦手でしたらAかBでもかまいません。
● クレーン車のどこかにキャラクターを描きこんで、独自のミニストーリーを加えてもよいでしょう。この後の「ダンプカー」（p47）では、のびる展開にキャラクターが色を添えています。

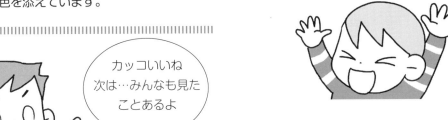

カッコいいね
次は…みんなも見たことあるよ

消防車

 方法BまたはC（p10〜）。

型紙と準備

p76の型紙をコピーするか付属DVDデータを利用。準備はp6〜7。

1 これは…？ 消防車ですね。
ホースを持って訓練かな？
それでは、たたみます。

2 さあ、どうなるかな？

 ポイント

- ゆっくりめにのばしていきましょう。
- 余白が多いので、イラストを描き足してにぎやかにしてもよいでしょう。

3 ホースがのびて〜、
お水がピュー！

 わぁ、ホースがのびた

 お水も出てるよ
次も…
力強い車です

ダンプカー

クレーン車、消防車と続いて、最後はダンプカー

型紙と準備

p77の型紙をコピーするか付属DVDデータを利用。準備はp6〜7。

演じ方 方法B（p10）。

1 これは…？
土を積んだダンプカーですね。あれ？ ねずみさんも上にいます。危なっかしいなぁ。それでは、たたみます。

2 さあ、どうなるかな？

ポイント

● 最後、のびきったところでねずみが現れます。ゆっくりのばしていき、現れる直前に一拍置きましょう。クレーン車や消防車と演じるのなら、最後が効果的です。

3 土がのびて〜、ねずみさんころんじゃった！ やっぱり〜。

「あ、ねずみさん！」
「ちゅーいしなきゃね」

乗り物編 11 働く

| 12 | 空 |

地上を離れ、のびのび活躍!?

ロケット ➡ ヘリコプター ➡ 気球

ロケット

空を飛ぶ乗り物、どんなの知ってる？最初はこちら、何かわかるよね

型紙と準備

p77の型紙をコピーするか付属DVDデータを利用。準備はp6〜7。

演じ方 方法AまたはB（p8〜）。

1 これは…？
ロケットですね。
それでは、たたみます。

2 さあ、出発するよ〜。3、2、1、

3 スタート！
ゴォーーーン！

ポイント

●発射に合わせて、上を持つ手を上げてのばしましょう。方法Bならスピードを調節できるので、ゆっくりのばすとそれらしく表現できます。

遠いお星さままで連れてってくれるかな 宇宙の次は何だろうね

うさぎさん、私も乗せて〜

ヘリコプター

型紙と準備

p78の型紙をコピーするか付属DVDデータを利用。
準備はp6〜7。

演じ方 方法AまたはB（p8〜）。

今度はこれプロペラの音が聞こえてきたよ

① これは…？
ヘリコプターです。おや、ハシゴが出てますね。
それでは、たたみます。

② さあ、どうなるかな？

③ ハシゴがのびて〜ゴリラさん！ 危ないところから助けたのかな？ よかったね。でも重たそう。大丈夫かな？

ポイント

- ハシゴが下にのびていくので、上を持つ手の位置は変えずに、下にのばしていきます。通常の作品はフィニッシュ後、両手で上下を持ち、ピタリと止めます。これに関しては下の手は離し、上の手で揺らしながら空中を飛び去っていく表現がユーモラスでおすすめです。
- ゴリラ以外にもいろいろなキャラクターを描き足してもよいでしょう。

はしごがのびた！ あ、ゴリラさん

ゴリラさんを助けて大活躍だね 次は…飛行機かな？ それとも…？

乗り物編 12 空

気球

ヘリコプター、ロケットと続いて、最後は気球でした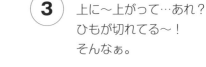

型紙と準備

p78の型紙をコピーするか付属DVDデータを利用。準備はp6〜7。

演じ方 方法AまたはB（p8〜）。

① これは…？気球に動物が乗っていますね。楽しそう。今から飛び立つのかな？
それでは、たたみます。

② さあ、飛び上がれ…

③ 上に〜上がって…あれ？
ひもが切れてる〜！
そんなぁ。

ポイント

● 方法Aは簡単ですが一瞬で終わります。じっくりと展開を見せるのなら方法Bがおすすめ。最後は動物たちの表情が伝わるように、3秒くらい動きを止めましょう。

大失敗〜。
ジャンジャン！

くまさんたち、おいていかれちゃった

13 アウトドア

お外でのびのび、見ーつけた！

流れ星 ➡ 打ち上げ花火 ➡ 滝

流れ星

お外で見つけた のび～るシアターです まずはこちら、流れ星 願いを3回言えるかな？

型紙と準備

p79の型紙をコピーするか付属DVDデータを利用。準備はp6～7。

演じ方 方法B（p10）。

① お星さまです。今から流れ星が現れますよ。

② さあ、願い事をしてみてね。

 **ポイント**

● 方法Bで横向きにのばしますが、斜め下に傾けつつのばし、星が流れたように表現します。
● 応用として、2セット用意して2回見せるのもよいでしょう。最初は普通に流れ星を演じ、次は願い事をしやすく、あえてゆっくりのばしていきます。

③ ヒュ～～～ン！

あ～ん！もう一度やって～

はいはい、今度はゆっくりやるからしっかりお祈りしてねこの次は…夏の夜空にご注目

打ち上げ花火

打ち上げ花火です
夜空にきれいな花が
咲きますように

> **型紙と準備**
> p79の型紙をコピーするか付属DVDデータを利用。準備はp6〜7。

演じ方 方法AまたはC（p8〜）。

① 夏の夜空に打ち上げるきれいなもの、打ち上げ花火です。それでは、たたみます。

② さあ、見てみましょう！

③ ヒューン…

④ ドッカーン！

わぁ、きれい！

ポイント

- 方法Aは簡単ですが、パッと場面が変わるシンプルな展開です。上のイラストのような展開で見せるには方法Cになります。
- 夏のお誕生会や出し物にも使えますね。

次は…
お外で見つけた
シリーズの最後
すごいのがくるぞ〜

滝

超のび

流れ星、打ち上げ花火と続いて、最後は滝！

演じ方 方法A（p8）。

> **型紙と準備**
> p80の型紙をコピーするか付属DVDデータを利用。準備はp6～7。（延長イラストをつなげておく）

① 川が流れてます。お魚はいるかな？ 見つけてみよう。それでは、たたみます。

② すると、滝になりますよ。

③ せーの

④ はいー！

●応用 大迫力！ ナイアガラの滝!?
準備／延長イラストを6～8枚つなげておく。
演じ方／演技①②の後、⑥のように左手で持ち、右手は上の1枚をつまみ下に引き下ろす準備をする。⑦で下に引きのばした後、さらに下に落とす。この時、落ちていく紙の速度を左手の力加減で調整する。すると紙は止まることなく一定の速度で下に流れ続ける。最後の部分は落ちないように捕まえておくか、落ちたら拾う。シメは⑤のように魚を示す。

⑤ お魚は、ここにいました！

⑥

⑦

わぁぁぁ、どこまで落ちるの!?

ポイント

●応用は左手の持ち方、力の入れ加減にコツがいります。簡単ではありませんが、効果はバツグンなので根気強く試してみてください。

お魚さんの滝のぼりだね！

13 アウトドア　お楽しみ編

14 変身パフォーマンス

予想つくかな？あっと驚くのびのび変化！

ティッシュ➡ふぐ➡マジックハット

ティッシュ

変身シリーズの始まりだよ
ティッシュペーパーを引っぱると…

型紙と準備
p81の型紙をコピーするか付属DVDデータを利用。準備はp6～7。

演じ方 方法AまたはB（p8～）。

① これは…？魔法のティッシュペーパーです。引っぱると何かに変わりますよ。
それでは、たたみます。

② さあ、何に変わるのかな？

③ のびてゆき～

④ トイレットペーパーになっちゃった！

変わった！

そうだね
次は、お魚さんを
変えてみようかな

ポイント

- 簡単な方法Aなら瞬間に変わり、すぐ終わります。観客と絡むなら方法Bです。特に演技③で動きを止めると、何人かはトイレットペーパーと答えるかもしれません。そうしたら「正解！」と言って喜ぶもよし、悔しがるもよし、ほめるもよし。演じる人のキャラクターに合ったやりとりを行えばよいでしょう。
- 変身パフォーマンスの特徴は「意外な変化」です。相手が予想できないオチで終わるのもよいですが、逆に正解を言わせて終わるというパターンも必要です。各現象は手段に過ぎず、やりとりを楽しむ、楽しませるという気持ちが大切です。

ふぐ

お魚がのびると
どうなるんだろう
注目〜〜！

型紙と準備
p81の型紙をコピーするか
付属DVDデータを利用。
準備はp6〜7。

演じ方 方法AまたはB（p8〜）。

① これは何でしょうか？
そう、ふぐですね♪
それでは、たたみます。

② さあ、どうなるかな？

③ のびて〜

④ くじらになっちゃった！
まさか〜。

ポイント

●絵の展開を見ると演技③でくじらに感じますが、実際のライブですと多くがワンテンポ遅れて④でくじらとわかる感じです。やりとりをふくらませるなら、あえて③の前半で止めて何になるか質問します。そして少しのばしては質問、もう少しのばしては質問といった展開もよいでしょう。

ひゃあ、
くじらさんに
変わった！

これはびっくり！
次はどんな変身かな
ドキドキするね

お楽しみ編　14 変身パフォーマンス

マジックハット

最後は帽子が出てきたよ
何が起こるんだろう

> 型紙と準備
>
> p82の型紙をコピーするか付属DVDデータを利用。準備はp6～7。

演じ方 途中④で向きを変えるところが変則ですが、基本的には方法B（p10）。

1 帽子の中に動物がいます。少し見えてますね。耳が長くてにんじんが好きな動物は何かな？

2 それでは、たたんで、おまじない。どうなるかな？

3 おやおや？

4 向きを変えて、残りをのばすと…

5 お馬さんでした！

うさぎさんかと思ってたから超ビックリ！

意外だったでしょう？えっへん

ポイント

● すべての作品に言えますが、セリフや演出はあくまで一例です。状況に合わせて自由にアレンジしてください。

【マジックを見せるという演出例】

① 今からマジックを見せます。帽子の中からにんじんが好きな動物が出てきますよー。あれ、少し見えちゃってるなぁ。でも内緒にしててね。

② それでは皆さん、おまじないをかけてください！ちちんぷいぷい～。ではご覧ください。

③ この通り、うさぎさんが…あれちょっと長いなぁ、変だなぁ。

④ もう少しおまじないをかけて…おかしいなぁ。

⑤ あれれ！　お馬さんだった～。

お楽しみ編　14 変身パフォーマンス

15 イベント　いろんな行事に使えるよ！
旗かざり◆クリスマスツリー◆きりんメッセージ

> 型紙と準備
> p82の型紙をコピーするか付属DVDデータを利用。準備はp6〜7。

旗かざり

これは、たくさんの旗のようきれいにかざってみたいね

演じ方　方法AまたはB（p8〜）。方法Aの場合、縦にのびるので、のばした後、演技③のように横向きに示します。

① これは何に見えるかな？実は旗の集まりです。今日は記念日なのでかざってみましょう。

② さあ、どうなるかな？

ポイント
- あえて季節感はないので、いろいろな場面で使えます。
- 旗に文字やイラストを書き入れて使いたい場合は、付属DVDデータ内に「旗かざりメッセージ版」がありますので、白枠内に自由に書き入れてお使いください。

③ はーい、この通り。きれいにかざられました！

わぁ、びっくり！

大成功！

クリスマスツリー

演じ方 方法ABCのいずれかで（p8〜）。

型紙と準備
p83の型紙をコピーするか付属DVDデータを利用。準備はp6〜7。

① これは何だかわかるかな？それでは、たたみます。

② おまじないをかけて〜 1、2、3

③ クリスマスツリーが現れました！

●ずばり、クリスマス用のび〜るシアターです。演技①で「上に何度か強く引っぱってのびないことを印象づけ、みんなにおまじないをかけてもらう」という演出もよいでしょう。

お楽しみ編 15 イベント

きりんメッセージ

\\ きりんが、いろんな
言葉をかけて
くれます /

型紙と準備
p83の型紙をコピーするか付属DVDデータを利用。準備はp6〜7。

演じ方　方法AまたはB（p8〜）。

① きりんさんが何かをくわえています。なになに？　伝えたいことがあるって？

② では、持ち上げてもらいましょう。

③ おめでとうございます！きりんさんからのメッセージだ♪

 ポイント

- 何を書き入れるかによって、さまざまな使い方ができるでしょう。
- 「変身パフォーマンス」と「イベント」にある作品は、何かと組み合わせて演じるというより単独で演じる内容です。それだけにどういう場面で、どういう使い方をするとよいかはアイデア次第になります。演じる環境や場面にぴったりな使い方をぜひ見つけてください。

- 型紙の垂れ幕部分は無地になっているので、好きな文字やイラストを書き入れてください（「おめでとうございます」は一例です）。

ありがとう！きりんさん

こんなふうにメッセージをもらえたらうれしいね！

お楽しみ編　15 イベント

コピー用型紙 （　）内は作品解説ページです。型紙の準備のしかたはp3、6、7で説明しています。

ひまわり
（p15）

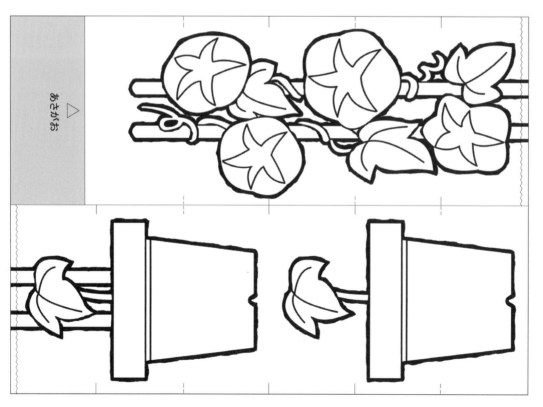

あさがお
（p16）

鉢からパンダ
(p17)

カマキリ
(p18)

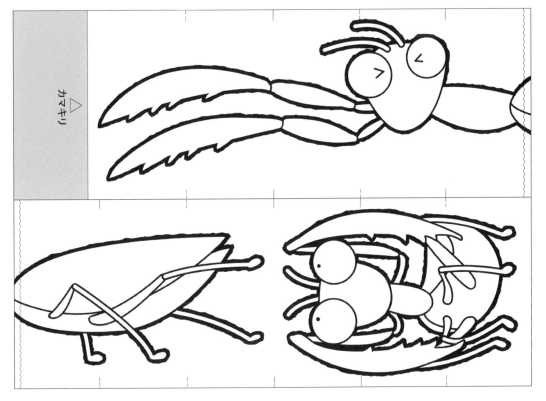

コピー用型紙　（　）内は作品解説ページです。型紙の準備のしかたはp3、6、7で説明しています。

バッタ
(p19)

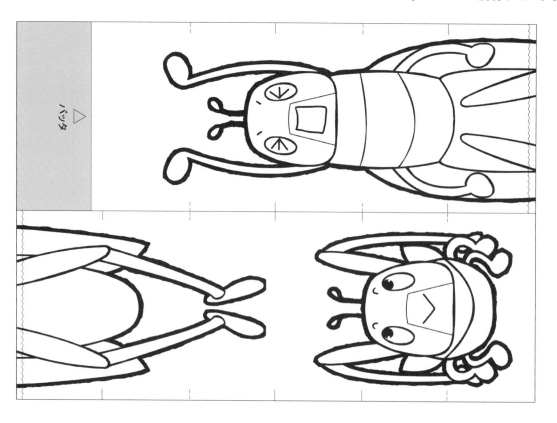

クモ
(p20)

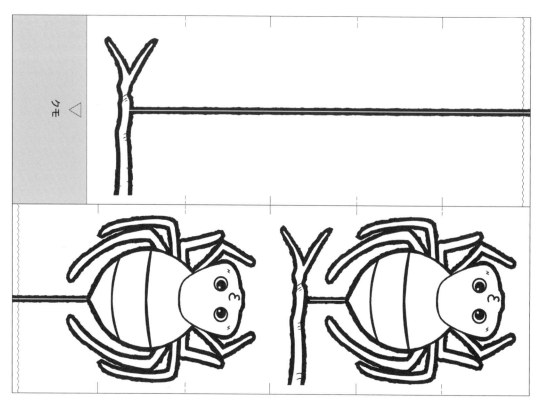

ねこ
(p21)

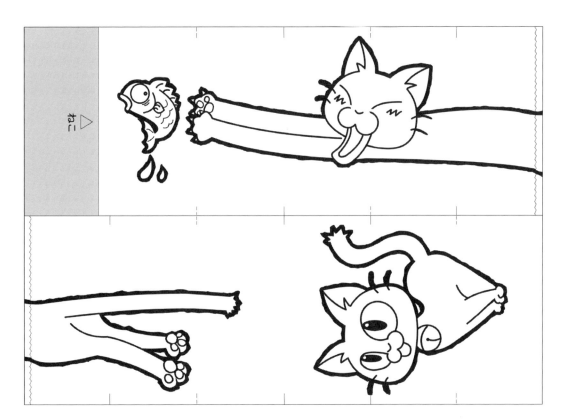

いぬ
(p22)

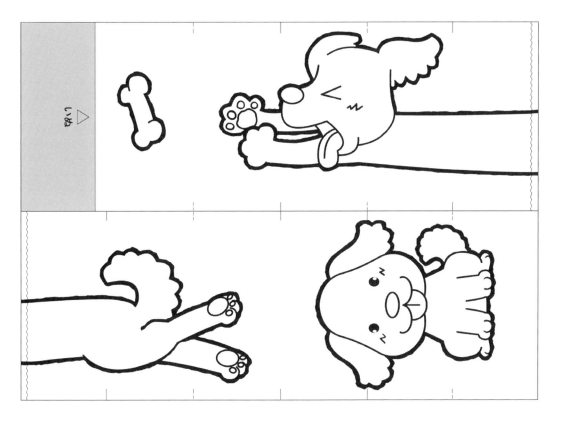

コピー用型紙　（　）内は作品解説ページです。型紙の準備のしかたはp3、6、7で説明しています。

うさぎ (p23)

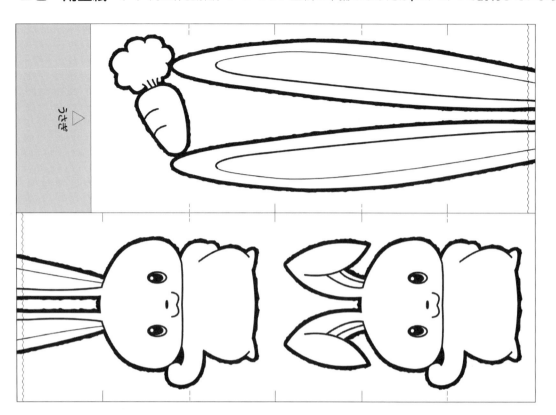

ゴリラ (p24)

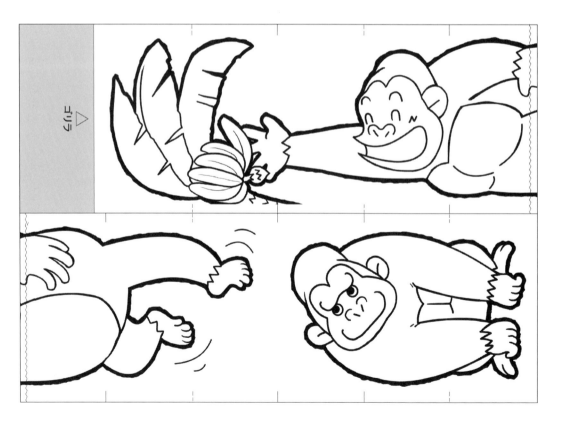

ぞう (p25)

ぶた (p26)

コピー用型紙 （ ）内は作品解説ページです。型紙の準備のしかたはp3、6、7で説明しています。

がちょう
(p27)

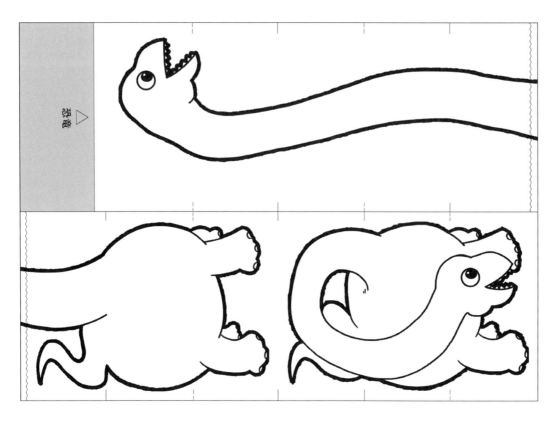

恐竜
(p28)

きりん
(p29)

くらげ
(p30)

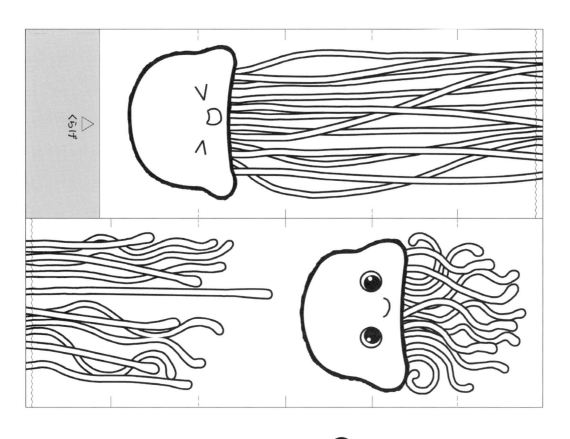

コピー用型紙　（　）内は作品解説ページです。型紙の準備のしかたはp3、6、7で説明しています。

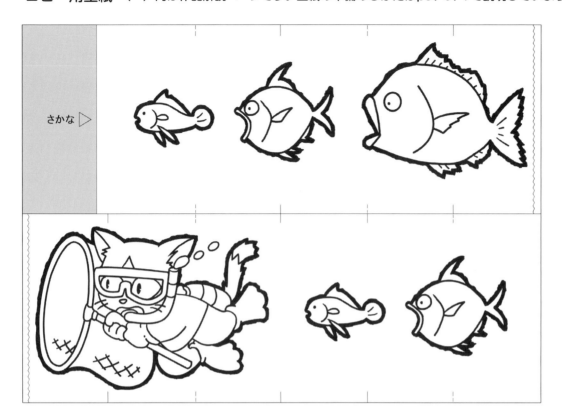

さかな
(p32)

さかな
【延長イラスト】
(p32)

たこ
(p31)

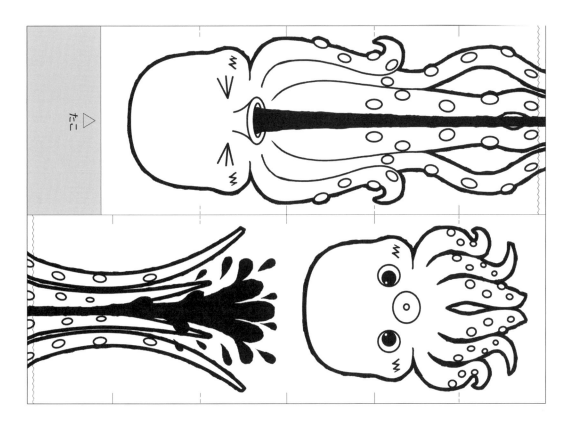

くしゃみ
(p33)

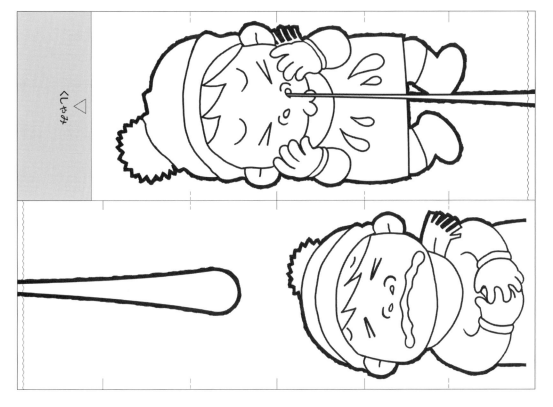

コピー用型紙　（　）内は作品解説ページです。型紙の準備のしかたはp3、6、7で説明しています。

おじいさん
（p34）

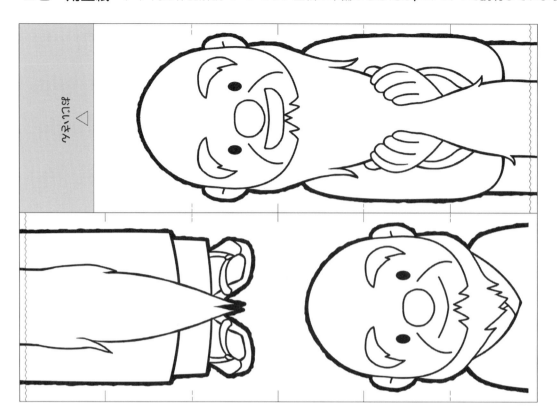

子ども
（p35）

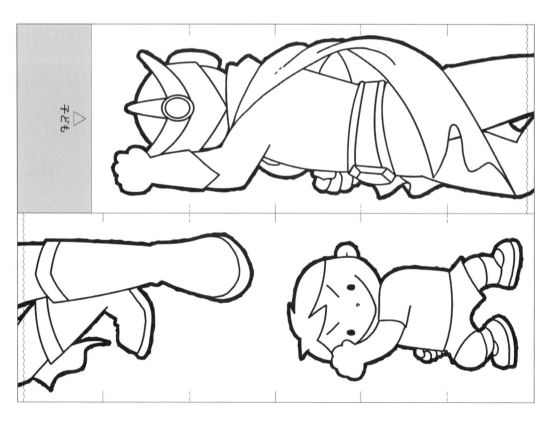

たまご
(p36)

おもち
(p37)

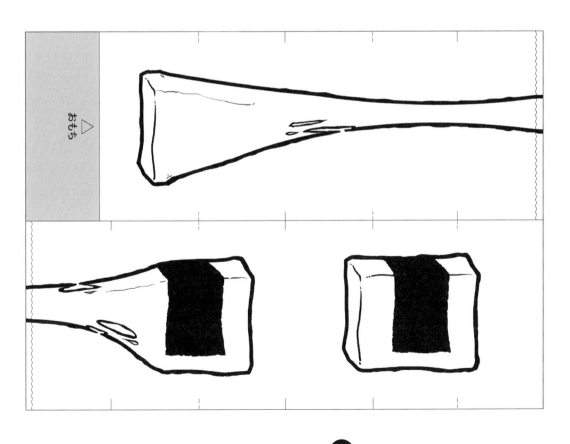

コピー用型紙　（　）内は作品解説ページです。型紙の準備のしかたはp3、6、7で説明しています。

にんじん
(p38)

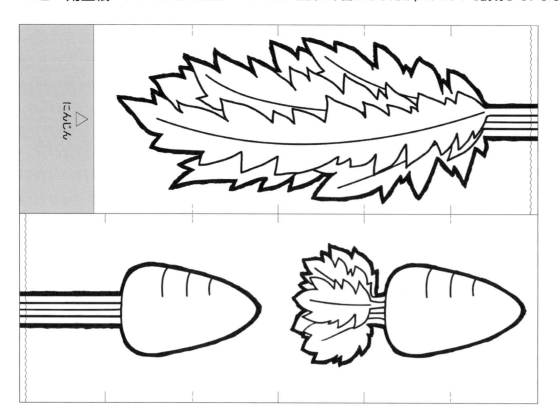

ピザ
(p39)

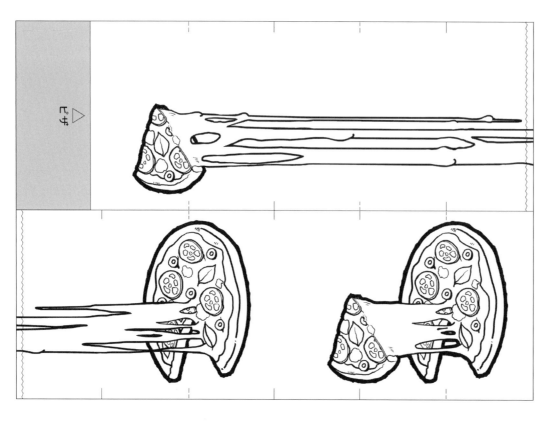

スパゲッティ
(p40)

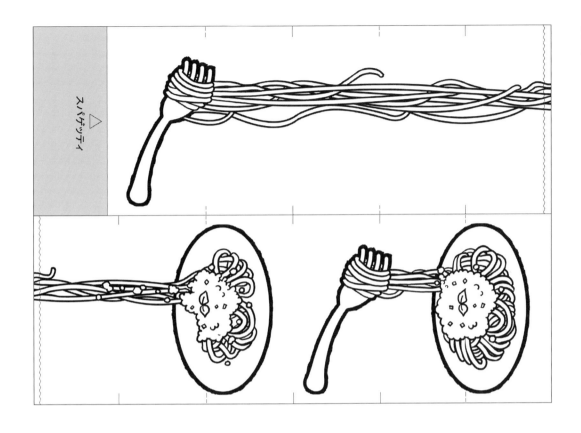

ラーメン
(p41)

コピー用型紙 （ ）内は作品解説ページです。型紙の準備のしかたはp3、6、7で説明しています。

自動車
（p42）

汽船
（p43）

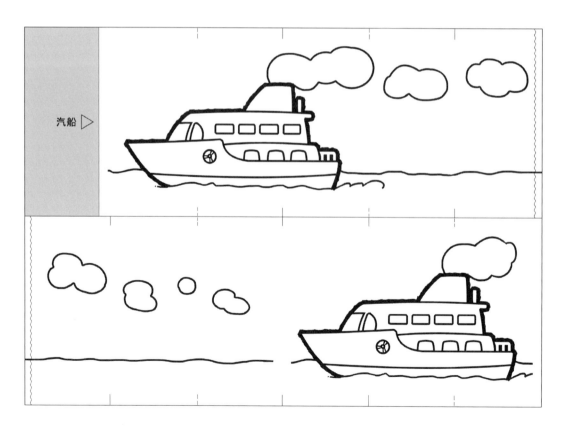

汽車
(p44)

汽車
【延長イラスト】
(p44)

コピー用型紙　（　）内は作品解説ページです。型紙の準備のしかたはp3、6、7で説明しています。

クレーン車
(p45)

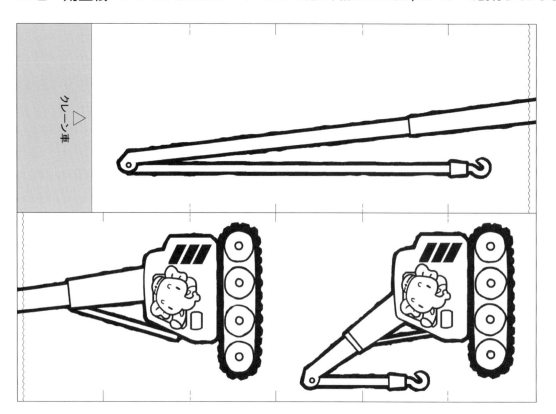

消防車
(p46)

ダンプカー
(p47)

ロケット
(p48)

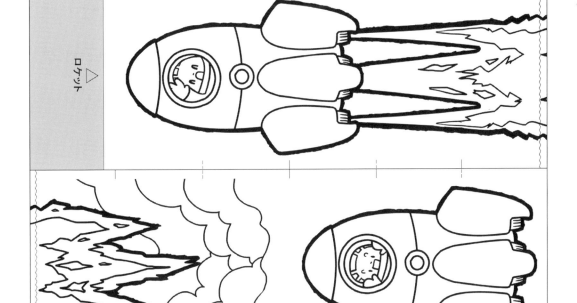

コピー用型紙 （ ）内は作品解説ページです。型紙の準備のしかたはp3、6、7で説明しています。

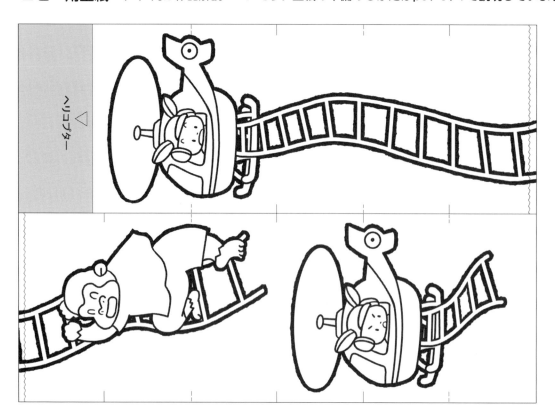

ヘリコプター
(p49)

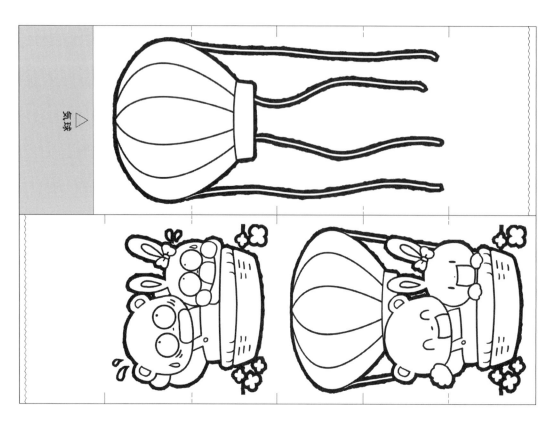

気球
(p50)

流れ星
(p51)

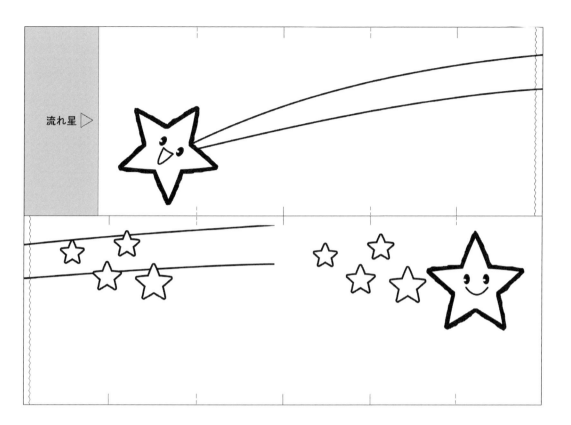

打ち上げ花火
(p52)

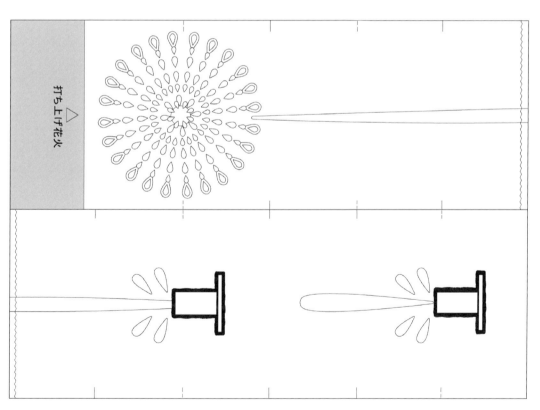

コピー用型紙　（　）内は作品解説ページです。型紙の準備のしかたはp3、6、7で説明しています。

滝
(p53)

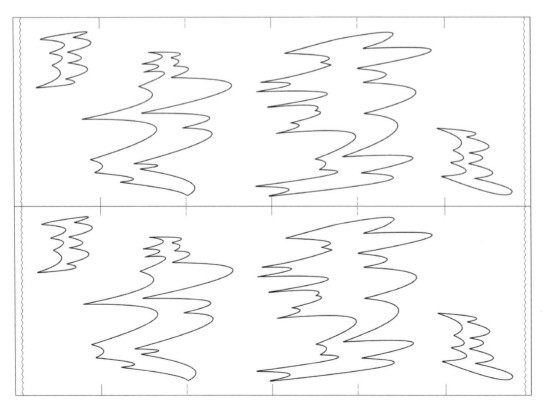

滝
【延長イラスト】
(p53)

ティッシュ
(p54)

ふぐ
(p55)

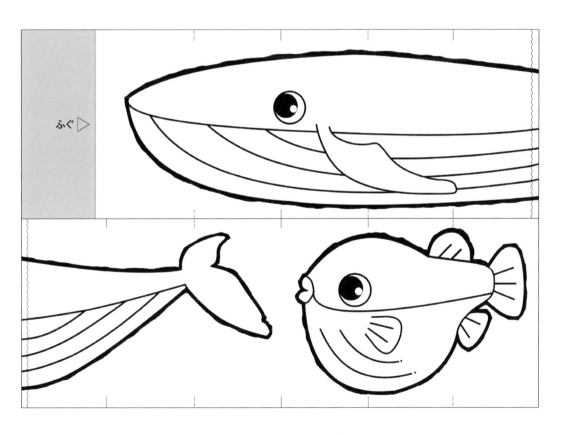

コピー用型紙 （ ）内は作品解説ページです。型紙の準備のしかたはp3、6、7で説明しています。

マジックハット
(p56)

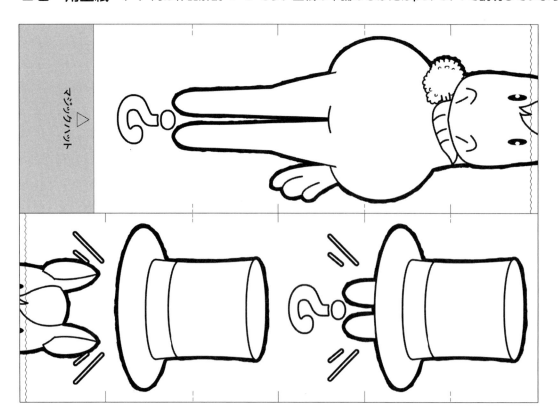

旗かざり
(p57)

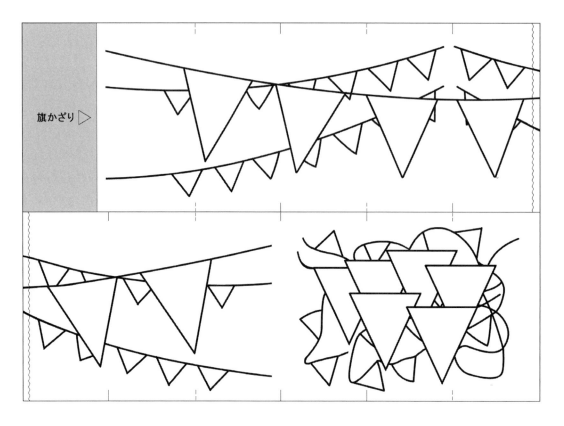

クリスマスツリー
(p58)

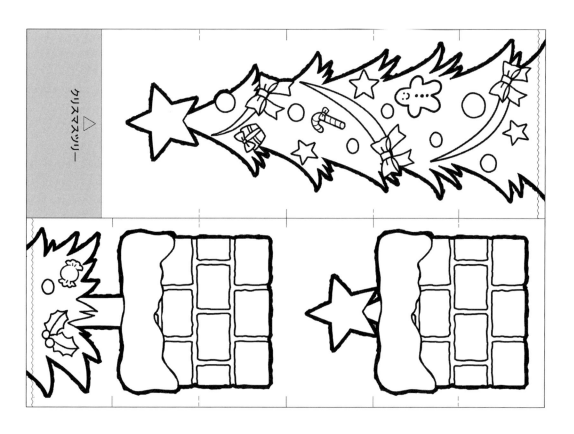

きりんメッセージ
(p59)

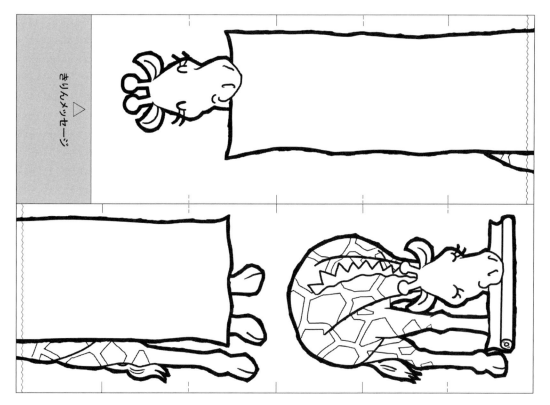

プロフィール　藤原邦恭（ふじわら　くにやす）

小学校卒業の寄せ書きに将来の夢は…「職業奇術家」と記す。1990年、プロマジッククリエイターとして始動し、夢を叶える。以来、不思議と楽しさの融合をめざし、マジックや夢のある遊びを草案。マジックグッズや書籍を含め、TVや講演、国内外で藤原ワールドを展開中。

著書
『おり紙マジックシアター』『おり紙歌あそびソングシアター』
『まるごとキッズマジック』『楽しいサウンドマジック』
『100円ショップでどきどきマジック』『子どもと楽しむ10秒マジック（DVD付）』
『笑劇！教室でできる10秒マジック（DVD付）』『かんたんクイック手品を100倍楽しむ本』
『クリスマス・正月のハッピーマジック』『おり紙マジック　ワンダーランド』
（以上、いかだ社）
『お誕生会を変える！保育きらきらマジック』（世界文化社）など多数

【付属 DVD-ROM について】

付属 DVD-ROM には、作品ごとに JPEG データと PDF データが入っています。ご自宅のパソコン環境に合わせて、使いやすいものをご利用ください。

※通常 DVD-ROM をパソコンにセットすると「自動再生ウィンドウ」が表示されます。表示されない場合は、「コンピューター」から「CD／DVD ドライブ」をクリックしてください。

【館外貸出可能】
※本書に付属のDVD-ROMは、図書館およびそれに準ずる施設においての館外への貸出を行うことができます。

ご注意
■お使いのプリンタやプリンタドライバ等の設定により、色調が変化する可能性があります。
■本書付属 DVD-ROM を使用したことにより生じた損害、障害、その他あらゆる事態に小社は一切責任を負いません。
■本書付属 DVD-ROM を著作権法上著作者の許諾なく、CDや、その他記録メディアにコピーすることを禁止します。

DVD-ROM 取扱い上の注意
■付属のディスクは「DVD-ROM」です。一般オーディオプレーヤーでは絶対に再生しないでください。パソコンの DVD-ROM ドライブでのみ使用ください。
■ディスクの裏面に指紋、汚れ、キズ等を付けないように取り扱ってください。また、ひび割れや変形、接着剤等で補修したディスクは、危険ですから絶対に使用しないでください。
■直射日光の当たる場所や、高温・多湿の場所には保管しないでください。

撮影協力●ぺる／minto／成城つくしんぼ保育園の皆さん　協力●にいぬまめいこ・ゆうた
イラスト●桜木恵美　撮影●赤司聡　DTP●渡辺美知子デザイン室

のび～るシアター【DVD-ROM付】

2019年3月12日　第1刷発行
2023年6月22日　第2刷発行

著　者●藤原邦恭ⓒ
発行人●新沼光太郎
発行所●株式会社いかだ社
　　　〒102-0072東京都千代田区飯田橋2-4-10加島ビル
　　　Tel.03-3234-5365　Fax.03-3234-5308
　　　E-mail　info@ikadasha.jp
　　　ホームページURL　http://www.ikadasha.jp
　　　振替・00130-2-572993

印刷・製本　モリモト印刷株式会社

乱丁・落丁の場合はお取り換えいたします。
ISBN978-4-87051-510-9
本書の内容を権利者の承諾なく、営利目的で転載・複写・複製することを禁じます。